www.tredition.de

AF196750

Carsten Dethlefs, Andrea Henkel

Currywurstführer Schleswig-Hol-stein

Die Wurst zwischen den Meeren

www.tredition.de

Verlag: tredition GmbH, Hamburg

ISBN
Paperback: 978-3-7323-3192-5
e-Book: 978-3-7323-3193-2

Printed in Germany

Bildquellen: Bastians Currywurst und Meer Flensburg (S. 16); Curry 75 (Titel-bild); Currywurst Schleswig-Holstein (S. 15, S. 18, S. 22, S. 26, S. 28, S. 30, S. 32, S. 34, S. 36, S. 38, S, 41, S. 42, S. 44, S. 46, S. 48, S. 50, S. 52, S. 54, S. 56, S. 58, S. 60, S. 66, S. 71, S. 73, S. 75, S. 78); Icke's Imbiss Bad Schwartau (S. 62); Oles Curry Flensburg (S. 24); Roter Hof Flensburg (S. 20); Susanne Junge (S. 67, S. 69)

Inhaltsverzeichnis

Vorwort: Die Wurst zwischen den Meeren

Currywurst ist ja wie das Leben – mal kurz und prall, mal lang und zeitweilig zäh. Aber meistens ist sie würzig und macht am Ende satt. Und schließlich geht es im Leben ja auch immer um die Wurst.

Wie vielfältig die Currywurstlandschaft auch in Schleswig-Holstein, einem Land, das man eher mit Fischbrötchen in Verbindung bringt, ist, konnten wir im Laufe unserer Testtouren ausgiebig feststellen. Wir, das sind Andrea (Redakteurin in einer Pressestelle) und Carsten (promovierter Wirtschaftswissenschaftler), zwei waschechte Nordlichter, die schon seit jeher seelenverwandt waren, sich aber erst im Januar 2013 kennen und wenig später lieben lernten.

Während unserer Testphase hatten wir viele interessante Begegnungen. Wir schlossen einige neue Bekanntschaften und merkten, wie schön unser Land eigentlich ist. Da war zu allererst Ole, der sein Currywurstbüdchen als Vorruhestandsaufgabe betreibt, da war Curry75, ein Laden, der vielfältigste Currywurstvariationen anbietet und ein richtiges Imbissflair verkörpert, da war Daniel, der in Neumünster nach seinem BWL-Studium in Frankfurt/Main eine richtig schicke Currywurstlocation aufgezogen hat. Und es sind noch so viel mehr Menschen und Locations, die wir jetzt in diesem Buch vorstellen wollen.

Für uns war es stets wichtig, neben dem Geschmack auch die Kreativität, die Hygiene und die Urigkeit der Currywurstlocations zu beurteilen. Eine Currywurstverkaufsstätte muss eben ein Gesamtkunstwerk sein. Das soll nicht heißen, dass man für den Betrieb viel Kapital und Erfahrung benötigt. Es geht einfach um Atmosphäre und Individualität. Der Geschmack ist aber natürlich individuell. Die in diesem Buch aufgeführten Bewertungen spiegeln somit auch lediglich unsere Meinung wider. Wir haben zwar schon so manche Currywurst, aber nicht die Weisheit mit Löffeln gefressen.

Wichtig war uns zudem, Lebensmittel – und nichts anderes ist eine Currywurst – immer als Mittel zum Leben zu verstehen. Aus diesem Grund stehen wir auch Schärfewettessen (wer kotzt zuerst) äußerst skeptisch gegenüber. Bei allem Kult, der um die Wurst der Würste getrieben wird, soll sie doch immer noch ein Genuss bleiben. Wir belohnten daher durch die Kommentare auf unserer Facebookseite auch eher regionale Erzeugnisse, welche für eine nachvollziehbare Qualität stehen. Die „Biohuberei" geht uns nämlich genauso auf die Nerven wie die Tiertransporte quer durch die ganze Republik. So schrieben wir zu Beginn unseres

Blogs auch über lebensmittelethische Fragestellungen. Da wir beide auf dem Lande aufgewachsen sind, kennen wir die Landwirtschaft noch aus allererster Hand. Deshalb soll dieses Buch auch dazu beitragen, ihr den Rücken zu stärken. Wir wissen, dass die allermeisten Landwirte sehr ordentliche Unternehmer sind und oftmals zu Unrecht in der Öffentlichkeit pauschal an den Pranger gestellt werden. Denn Geld muss natürlich trotz aller ethischen und moralischen Grundsätze mit der Erzeugung von Lebensmitteln verdient werden. Alpenromantik ist hier oftmals fehl am Platze – wir sind schließlich in Schleswig-Holstein!

Im ersten Teil dieses Buches schreiben wir über die spannende Diskussion um die Entdeckungsgeschichte der Currywurst, bei der wir aber der Hamburger Version mehr glauben als der Berliner Dichtung – Nordlichter müssen schließlich zusammenhalten. Außerdem wagen wir einen Ausblick dahingehend, wie sich die Currywurst künftig entwickeln wird. Im zweiten Teil stellen wir dann unsere Testergebnisse in aller Ausführlichkeit und reich bebildert vor. Die besuchten Locations sind nach den Regionen unseres Landes geordnet. Schließlich soll man gleich wissen, wo man seinen Hunger stillen kann, wenn man sich in einer bestimmten Gegend befindet.

Einige Regionen sind hierbei sicher stärker repräsentiert als andere. Allerdings soll dieses Buch auch nur der erste Aufschlag sein. Die Currywurstforschung geht weiter. Man weiß ja, die Wurst hat immer zwei Enden, und wir haben gerade einmal das erste davon erreicht.

Neben den reinen Testergebnissen haben wir aber auch versucht, unsere eigene Sauce zu kreieren. Einige Ansätze hierzu finden sich im dritten Teil dieses Buches. Ganz am Schluss erweitern wir unseren currywürstlichen Horizont und geben einen Überblick über andere Bücher, die sich mit unserer Leibspeise befassen. Ein Ratgeber für Schleswig-Holstein findet sich hier aber freilich noch nicht – da sind wir die Ersten.

Ein Vorwort dient natürlich auch immer dazu, bestimmten Leuten zu danken, ohne die dieses Buch nicht hätte entstehen können. Da ist zu allererst Martina Sommer zu erwähnen, die insbesondere bei einem Fernsehauftritt Pate stand und Currywurst Schleswig-Holstein im Schleswig-Holstein Magazin ein Gesicht gab. Zu nennen ist das Team von NDR 1 Welle Nord, die sogar zwei Radiobeiträge über uns brachten (Stefan Mross war an einem der Interviews auch nicht ganz unschuldig), Radio Schleswig-Holstein, die die Ersten waren, die im Radio über uns berichteten. Auch

Delta Radio darf in dieser Aufzählung nicht fehlen. Sie berichteten am späten Nachmittag über unser currywürstliches Projekt. NDR Info war dann kurz nach Weihnachten 2014 mit einem Bericht dabei. Zudem möchten wir Gerd Tiessen-Börner unseren Dank aussprechen, der den Kontakt zum Schleswig-Holstein Magazin hergestellt hat. Nicht vergessen werden darf auch die Werbeagentur Elbkind, die uns ins Vertrauen gezogen hat, als es darum ging, die Currywurst der Rügenwalder Mühle vor der Markteinführung zu testen. Entschuldigt bitte, dass wir nicht so ganz zufrieden waren. Und – das ist natürlich das Allerwichtigste – wir danken all unseren Fans, die unsere Facebookseite geliked haben und mit uns durch die Höhen und Tiefen der currywürstlichen Landschaft Schleswig-Holsteins gewandert sind. Am Ende unseres Projekts blicken wir auf eine Fangemeinde, die laut Facebook über 2.000 Mitglieder beträgt.

Teil 1: Die Currywurst – wo kommt sie her, wo geht sie hin?

Die Currywurst ist nicht nur meistens lecker, sondern bietet auch Anlass zu teilweise heftigstem Streit. Wo die Currywurst herkommt, wer sie erfunden hat und wie ihre Zukunft aussieht, wird seit Jahrzehnten fleißig diskutiert. Ob die Wurst nun in Hamburg oder – wie die meisten behaupten – in Berlin erfunden wurde, weiß niemand so genau. Möglich ist beides. So ist überliefert, dass Herta Heuwer am 4. September 1949 in ihrem Imbiss an der Ecke Kantstraße/Kaiser-Friedrich-Straße in Berlin-Charlottenburg erstmals eine gebratene Wurst mit einer Sauce aus Tomatenmark, Currypulver, Worcestersauße und weiteren Zutaten anbot. Ende der 50er Jahre meldete Heuwer diese Sauce dann auch als Patent an. Noch heute verehren die Berliner sie mit einer Gedenktafel.

Etwas früher als Herta Heuwer erfand – laut Uwe Timm – Lena Brücker die Currywurst in Hamburg. Der Autor beschreibt diese Begebenheit in seinem Buch „Die Entdeckung der Currywurst" aus dem Jahr 1993 wie folgt: Zwei Jahre nach dem Krieg hielt die Hamburgerin in einer Hand Curry und in der anderen Ketchup. Als sie stolperte, vermischten sich die Bestandteile. Beim Aufwischen merkte Brücker dann, wie gut diese Kombination schmeckt. Sie brachte daraufhin die erste Currywurst am Großneumarkt heraus, wo auch noch heute eine Gedenktafel auf dieses epochale Ereignis aufmerksam macht.

Beide Varianten erscheinen uns plausibel. Man muss sich auch vor Augen halten, dass kurz nach dem Krieg häufig Erfindungsreichtum nötig war, um satt zu werden. Es mag also sein, dass gerade in Hamburg die Briten die heimische Speisen entbehrten und aus diesem Grund für Erfindungen wie Currywurst sehr aufgeschlossen waren. Über die Geschichte der Currywurst erfährt man auch eine Menge im Deutschen Currywurst Museum Berlin, das wir im Oktober 2014 besuchten. Näheres hierüber erfahrt ihr im zweiten Teil dieses Buches.

Doch wie könnte die Zukunft dieses kultigen und leckeren Gerichts aussehen? Bei unseren Streifzügen durch die currywürstliche Landschaft Schleswig-Holsteins haben wir so manche Kuriositäten gesehen und verspeist. So ist die vegetarische Currywurst in vielen Restaurants und Imbissen schon fleißig auf dem Vormarsch. Viele versuchen außerdem, neben den Urtypen dieses Gerichts auch schon Varianten wie die Currywurst Hawaii etc. auf den Markt zu bringen. Dies mag auch nötig sein, weil Dönerbuden den klassischen Currywurstimbiss vielerorts verdrängen. Diese Buden führen Currywurst dann nur noch als Alibi. Eine andere Zukunftsvision besteht in der „Currywurst to go". In einer hektischen Zeit, in der es häufig schon an den Minuten für einen Schnellimbiss fehlt, wird die transportable Currywurst an Bedeutung gewinnen. Der in weiten Teilen der Republik bereits erhältliche „Curry Cup" lässt auf eine solche Entwicklung schließen. Ganz nebenbei bemerkt, kommt sein Erfinder auch aus Schleswig-Holstein – nämlich aus Rendsburg. Der Urtyp der Wurst, wie man ihn an Imbissen aller Art seit jeher konsumiert, wird aber unserer Vermutung nach niemals aussterben. An uns soll es jedenfalls nicht liegen.

Teil 2: Currywurst Schleswig-Holstein on Tour

Auf den folgenden Seiten laden wir euch nun ein, mit uns auf eine kulinarische Entdeckungsreise zu gehen. Und, obwohl der Vertrag von Ripen aus dem Jahr 1460 Schleswig-Holstein auf ewig ungeteilt lassen wollte („Dat se bliven ewich tosamende ungedeelt"), müssen wir ja irgendwo anfangen. Und das tun wir ganz im Norden – in Flensburg. Hier starteten wir unsere currywürstliche Entdeckungstour Anfang 2013.

Kapitel 1: Auf der Straße nach Norden – Currywurst statt Smørrebrød

Bastians Currywurst und Meer (Mürwiker Straße 164, 24944 Flensburg)

Eine unserer ersten Testtouren führte uns zu dem Imbiss „Bastians Currywurst und Meer" in Flensburg. Die Location an sich war bei unserem Besuch sehr einladend und sauber. Man sitzt warm, trocken und gemütlich. Positiv aufgefallen ist, dass sich die Köchin – Frau Bastian – bei der Zubereitung immer wieder die Hände gewaschen hat.

Und nun zur Wurst: Diese wurde (wie es sich gehört) auf einem Wurstbräter zubereitet. Insgesamt gibt es drei Saucen, aus denen man wählen kann – allesamt hausgemacht. Eine scharfe, eine milde und eine fruchtige Sauce. Wir testeten die ersten beiden Varianten und waren sehr davon sehr angetan. Die scharfe Sauce hat ihren Namen wirklich verdient. Man wird in der Regel mehr als zwei Papiertaschentücher brauchen. Auch der milden Variante fehlt es nicht an der nötigen Würze. Die Pommes waren frisch und knusprig, die Mayonnaise nicht verlängert und auch keine Pseudo-Salatcreme. Alles war sehr lecker und frisch und kreativ zubereitet. Dazu wurde man sehr freundlich bedient. Mit ca. 12 Euro für zwei Mal Currywurst, Pommes, Mayo und Cola ist das Preis-Leistungs-Verhältnis sehr ordentlich.

Abgerundet wird das Angebot durch eine vegane Currywurst und eine „Currywurst Spezial" mit Ananas, Röstzwiebeln, Mayonnaise, Balkansalat und Currysauce. Seit Neuestem bietet dieser Imbiss sogar einen Lieferservice an. Das ist für eine Currywurstlocation (zumindest im beschaulichen Flensburg) schon ziemlich einmalig.

Curry Point (Auf dem Familia-Parkplatz, Schottweg 94, 24944 Flensburg)

Anschließend testete der weibliche Part von Currywurst Schleswig-Holstein den Curry Point auf dem Famila-Parkplatz in Flensburg. Dort gibt es Currywurst in den Varianten normal und scharf. Die Testerin entschied sich für die normale Variante.

Die Sauce hatte eine ketchupartige Konsistenz sowie eine angenehm leichte Schärfe, die nach dem Essen schnell wieder verschwand. Die Wurst selbst wurde (wie es sich gehört) gebraten. Dies allerdings in deutlich zu viel Fett, was für einen nicht ganz so angenehmen Bei- und leider auch Nachgeschmack sorgte.

Ihre Saucen bezieht die Imbissbetreiberin von einem externen Lieferanten, der diese selbst anrührt. Im Fall der scharfen Sauce werden in dem Imbiss noch diverse weitere Gewürze beigemischt, die auf Wunsch der Kunden auch noch einmal extra über die Wurst gestreut werden. Schärfe-Freaks können ihre Sauce so auf bis zu eine Million Scoville „hochpumpen". Der Preis lag für eine gute Portion Wurst ohne Beilage und Getränk bei etwas mehr als 2 Euro.

Roter Hof (Rote Straße 14, 24937 Flensburg)

Vom Currypoint geht es weiter in die Rote Straße zum Restaurant „Roter Hof" in Flensburg. Hier kann man nicht nur zwischen einer fruchtig-scharfen und einer milden Sauce, sondern auch zwischen verschiedenen, teilweise hausgemachten Würsten und diversen Beilagen wählen.

Der Preis ist zwar etwas höher, aber das muss man in einem Restaurant einkalkulieren. Für eine Wurst mit Pommes (zu denen es noch eine äußerst schmackhafte Curry-Mayonnaise gibt) zahlt man beispielsweise 6,70 Euro. Man kann als Beilagen aber auch Salat, Süßkartoffelpommes, Kartoffel-Wedges oder Brot wählen. Hier variieren die Preise dann teilweise.

Auch eine vegetarische Wurst bietet der Rote Hof an. Das ist mal etwas anderes und erweitert zudem die Zielgruppe.

Bei unserem Test wählten wir die milde Currywurst mit klassischer Sauce und die hausgemachte Currywurst mit fruchtiger Sauce. Von der ersten Kombination waren wir ausgesprochen angetan. Die fruchtige Sauce war dann für unseren ganz persönlichen Geschmack war dann die fruchtige Sauce zwar etwas gewöhnungsbedürftig, aber wer sich gewöhnen möchte, dem steht eine ganz neue Geschmackswelt offen. Auf jeden Fall bietet der Rote Hof in Sachen Currywurst eine Menge Kreativität und eine große Vielfalt. Und handwerklich gibt es in diesem Restaurant definitiv auch nichts auszusetzen.

Papa's Hot Dog Stube (Poetzsch, Lykberg 1, Grenzübergang Kupfermühle, 24955 Harrislee)

Am deutsch-dänischen Grenzübergang Kupfermühle erwartet einen neben den obligatorischen Schnapsschmugglern auch der Imbiss „Papa's Hot Dog Stube" vor dem Grenzmarkt Poetzsch. Eigentlich eher auf Hot Dogs spezialisiert, bietet diese Location auch Currywurst an, die es wahlweise im Menü mit Pommes und einem Getränk gibt. Die Wurst ist gegrillt, kommt „von der Stange" und ist eigentlich nichts Besonderes – guter Standard eben. Aber man kann sie in einem alten Bus mit Tischen zu sich nehmen, was ein ganz besonderes Flair mit sich bringt.

Sie Sauce ist selbstgemacht (oder zumindest selbst verfeinert), die Pommes sind lecker, knusprig und nicht zu fett. Für 5 Euro, die ein solches Menü kostet, kann man sich die Wurst dort wirklich schmecken lassen.

Hinzuzufügen ist noch, dass besagter Bus nicht direkt zu dem Imbiss gehört, sondern von privat auf dem Parkplatz vorgehalten wird. Man kann also dort essen, wird aber nicht an den Tischen bedient und ist für die Beseitigung seiner Abfälle selbst verantwortlich. Für diejenigen, die ihre Currywurst lieber an der frischen Luft genießen, bietet „Papa's Hot Dog Stube" außerdem genügend Stehtische.

Oles Curry (Vor Möbel Schulenburg, Schäferweg 8, 24941 Flensburg)

Das Büdchen von Ole befindet sich direkt neben Möbel Schulenburg und bietet für hungrige Einkäufer echten Currywurst-Genuss.

Bei Ole handelt es sich um einen Currywurst-Intellektuellen. Der studierte Lebensmitteltechniker weiß, wovon er spricht und kennt praktisch jede Wurst beim Namen. Ihm ist es ungemein wichtig, die Würste nicht nur mit einer speziellen Sauce, sondern auch mit einem speziellen Curry anzubieten. Zur Auswahl stehen insgesamt vier Currypulver: zwei gelbe, ein oranges und ein rotes, die der Wurst samt Sauce noch einmal eine ganz eigene Note geben. Ob fruchtig oder scharf: Ole hat für jeden Geschmack etwas parat.

Die Wurst wird pflichtgemäß gebraten und bietet dem oft nur Massenware gewohnten Kunden ein ganz neues Geschmackserlebnis. Die Sauce ist selbstgemacht und hat neben einer fruchtig-tomatigen Note auch eine sehr angenehme Schärfe. Einfach lecker! Dazu ist Ole immer zu einem netten „Schnack" aufgelegt und gibt gerne Auskünfte über seine Produkte.

Auch der Preis ist mit knapp 6 Euro für eine Wurst mit Pommes und Cola absolut konkurrenzfähig. Alles in allem ein Imbiss, der definitiv zu „Wiederholungstaten" anregt.

Curry 75 (Ochsenweg 75, 24941 Flensburg)

Von Ole sind es dann nur wenige Kilometer zum Ochsenweg 75, wo wir den Imbiss „Curry 75" vorfinden. Diesen betreibt Michi Güttgemanns – eine Frau, die schon eine lange Imbisserfahrung hat und ursprünglich aus Nordrhein-Westfahlen stammt. Sie bietet ihren Kunden gleich sehr viele unterschiedliche Arten von Currywurst an. Da ist zum einen die Currywurst Hawaii, die mit Ananasstückchen gespickt ist, aber trotzdem einer gewissen Schärfe nicht entbehrt. Und da ist die Currywurst in drei Schärfegraden (normal, scharf, und extrascharf). Alle drei Varianten sind gut zu genießen. Bei der extrascharfen Spielart (auch Spezial genannt) befinden sich auch noch Zwiebeln und andere Scharfma-cher mit auf dem Teller. Der gute Geschmack gilt auch für die Ber-liner Currywurst ohne Darm. Die Pommes sind knusprig, die Be-dienung urig und freundlich und die Tische bzw. Hocker sehr im-bisslike. Die Würste werden gebraten und auf Papptellern ser-viert. Ihre Saucen macht Michi allesamt selbst. Das ist Ehrensache bei „Curry 75".

Neben Currywurst bietet dieser Imbiss auch Schnitzel an, die wir aber nicht getestet haben. Das ist ja auch nicht unser Auftrag als Currywurst Schleswig-Holstein. Die Wochenangebote wechseln stetig. Wenn Currywurst im Angebot ist, wird man für rund 5,50 Euro gut satt.

Essbar (Am Markt 2, 24955 Harrislee)

Von Flensburg ging es dann weiter zur Essbar nach Harrislee. Dort aßen wir jeder eine Currywurst, dazu gab es Pommes bzw. Twister-Pommes mit Mayo und zwei große Cola. Zunächst dachten wir, dass es sich bei der Sauce wieder mal um schlecht verlängerten Ketchup handelte. Aber der anfängliche Eindruck täuschte: Die optische Ähnlichkeit war zwar nicht von der Hand zu weisen, aber die Sauce war für Ketchup definitiv zu „fluffig". Zudem war sie mit Tomatenstücken verfeinert.

Geschmacklich gab es an der Sauce an sich objektiv gesehen nichts auszusetzen. Die Wurst an sich war aber in der Konsistenz etwas lasch, als ob sie noch eine Bratwurst werden wollte. Dafür waren die Pommes wunderbar knusprig. Der Service war supernett und das Ambiente modern und gemütlich. Für unsere Bestellung haben wir am Ende 17,50 Euro bezahlt. Ein stolzer, aber nicht zu hoher Preis. Schließlich ist die Essbar ja ein Restaurant.

Bistro Sandwig (Promenade 1, 24960 Glücksburg)

Currywurst Schleswig-Holstein ist und isst auch gerne mal am Strand. Daher haben wir uns von Harrislee aus gleich nach Glücksburg aufgemacht. Dort aßen wir im Bistro Sandwig direkt am Strand eine Currywurst. Hier gibt es Currywurst in den Varianten mild und pikant. Der Tester entschied sich für die pikante Variante. Sie hielt allerdings nicht, was der Preis von 4 Euro (ohne Beilagen und Getränk) versprach. Die Sauce war äußerst „tomatig", es hätten auch gut Spaghetti dazu gepasst. Von einer Schärfe war nichts zu spüren. Die Wurst hatte eine gute Konsistenz und war ordnungsgemäß gebraten/gegrillt. Wenn man am Strand einmal Hunger bekommt, gibt es sicherlich passendere Gerichte, um diesen zu bekämpfen. Diese Wurst eignete sich dafür eher nicht.

Strandimbiss (An der Strandpromenade, Glücksburg)

Von diesem Erlebnis ließen wir uns aber nicht entmutigen. Nach kurzer Zeit machte sich ein großes Hungergefühl bei uns bemerkbar. Unserem Instinkt folgend, entdeckten wir auch schnell die nächste Currywurst am Strandimbiss. Für einen solchen war sie auch wirklich gut. Die Sauce war offensichtlich mit Senf angereichert und hatte so gar nichts mit den Würsten zu tun, die wir in der jüngsten Vergangenheit getestet hatten. Die Sauce schien selbstgemacht (oder zumindest selbst verfeinert) und konnte einer gewissen Kreativität nicht entbehren, obwohl sie recht salzig und die Wurst frittiert war. Das Ambiente passt halt zu einem

Strandimbiss: lange Biertische und Bänke. Die Bedienung war äußerst freundlich und zuvorkommend. Allzu teuer war die Wurst auch nicht (keine genaue Angabe möglich, da Erinnerungslücke).

Hafenimbiss (Am Hafen, 24404 Maasholm)

Beim Hafenimbiss in Maasholm gibt es nicht nur leckere Fischbrötchen, sondern auch eine sehr gute Currywurst mit hausgemachter Sauce und ebenfalls hausgemachter Currycreme. Man
wartet zwar vielleicht etwas länger auf sein Essen, dafür ist alles
frisch und ausgesprochen schmackhaft. Die Wartezeit resultiert
auch daraus, dass der Imbiss wohl immer gut besucht ist – und
das spricht ja schon für sich.

Die Currysauce in Verbindung mit der Currycreme bietet ein
ganz besonderes Geschmackserlebnis. So etwas findet man in der

Form nur selten. Der Preis ist mit rund 6,80 Euro für eine sehr ordentliche Portion Currywurst, Pommes mit Mayo und eine Cola mehr als fair. Auch die Pommes sind frisch, lecker und knusprig.

In den Diskussionen, die wir bei unserer Fangemeinde über die Wurst der Würste geführt haben, wurde dieser Imbiss auch immer als Ort genannt, an dem man eine der besten Currywürste Schleswig-Holsteins essen kann. Das können wir nur bestätigen.

Nach dem Essen laden Maasholm und seine wunderschöne Umgebung dann zu ausgedehnten Spaziergängen ein.

Best Bistro (Busdorfer Straße 3, 24837 Schleswig)

Und wo wir schon einmal in Maasholm waren, gab es natürlich nichts Eiligeres zu tun, als noch eine Location zu testen. Deshalb besuchten wir das „Best Bistro" in der Schleistadt Schleswig.

Dort hatten wir ein erwähnenswertes Currywurst-Erlebnis der etwas anderen Art. Statt einer klassischen Currysauce servierte man uns eine selbstgemachte, fruchtige Cocktailsauce mit Curry. Die Wurst kam aus der Fritteuse (No-Go!), sie triefte aber nicht vor Fett. Zu den sehr leckeren, knusprigen, frischen Pommes gab es noch eine kleine Salatbeilage. Mit rund 18 Euro für drei reichlich große Portionen nebst Getränken war es hier auch nicht zu teuer.

Fazit: Vielleicht nicht jedermanns Sache, aber man ist um eine interessante Erfahrung reicher.

Mister Bratwurst (Flensburger Straße 1, 24837 Schleswig)

Currywurst Schleswig-Holstein ist ja nicht satt zu kriegen. Deshalb ging es für uns weiter zur Filiale von Mister Bratwurst auf dem Real-Parkplatz in Schleswig.

Erster Pluspunkt: Die Wurst wurde gebraten und kam nicht aus der Fritteuse. Wir bestellten eine normale Curry-Bratwurst sowie eine Currywurst Spezial mit Zwiebeln und eine Manta-Platte (Currywurst mit Pommes und einem Getränk). Die Sauce wurde in der Zentrale in Rendsburg selbst angefertigt. Geschmacklich war sie aber eher etwas für Freunde von mildem Essen. Wer beim Genuss einer Currywurst ins Schwitzen kommen möchte, ist her falsch. Dennoch ist die Selbsherstellung positiv hervorzuheben. Und bei den Preisen wird man auch nicht arm.

Kapitel 2: Go west – Würste in Dithmarschen und Nordfriesland

Dithmarschen hat das größte zusammenhängende Kohlanbaugebiet Europas aufzuweisen. Damit wirbt dieser Kreis auch sehr offensiv – selbst ein „Kohlosseum" gibt es hier. Aber was uns natürlich noch viel mehr freut, ist, dass sich Dithmarschen auch in Sachen „Currywurst" sehen lassen kann.

Wurmi's Imbiss (Husumer Straße 86, 25746 Heide)

Unsere Reise durch den ältesten Landkreis Deutschlands begannen wir beim Imbiss „Wurmi's" in der Kreisstadt Heide. Wir bestellten, wie es unser Auftrag verlangt, zwei Currywürste, zweimal Pommes mit Mayo und zwei Cola. Hierfür bezahlten wir rund 12 Euro. Die Wurst wurde pflichtgemäß in gleichmäßig große Stücke geschnitten und dann serviert. Uns fiel schnell auf, dass es sich bei der Sauce nur um Ketchup handelte. Aber zumindest war dieser warm. Die Wurst an sich war ausgesprochen lecker und wurde nicht frittiert, sondern ordnungsgemäß gebraten. Die Pommes waren knusprig und die Bedienung äußerst freundlich. Sie gab auch unumwunden zu, dass die Sauce das Einzige sei, was sie in ihrem Imbiss nicht selbst herstelle. Das möchten wir ihr auch glauben.

Unser Fazit bis dahin: Wer hungrig ist und keinen gesteigerten Wert auf Kreativität legt, kann bei Wurmi's ruhigen Gewissens eine Currywurst essen. Für Feinschmecker bleiben noch genügend andere Gerichte übrig.

Wie gesagt: Das war unser Fazit bis dahin. Nun erfuhren wir, dass es bei Wurmi's nach unserem Besuch jetzt auch eine leckere selbstgemachte Currysauce geben soll, die wir bei nächster Gelegenheit natürlich testen werden (Currywurst Schleswig-Holstein wirkt).

Marktpirat (Markt 25, 25746 Heide)

Von Wurmis – über den Namen des Imbisses lässt sich sicher streiten – ging es gleich weiter zum Marktpiraten in Heide. Diese Location bietet gerade bei schönem Wetter ein wunderbares Ambiente zum Essen und Trinken.

Die Currywurst wird in drei Schärfevarianten angeboten (normal, scharf und extrascharf). Hier war bereits die normale Ausführung durchaus pikant, aber noch immer sehr angenehm. Bei der extrascharfen Ausführung hatte sich der Marktpirat etwas ganz Besonderes einfallen lassen: Neben der Wurst gab es eine Spritze mit Tabasco. Man konnte die Schärfe somit theoretisch selbst dosieren. Die Spritze beinhaltete leider neben dem Tabasco auch viel

Luft, sodass sich die ganze Menge auf einmal ergoss. Das war scharf! Allerdings waren sowohl die Currywürste als auch die Pommes sehr lecker und die Bedienung äußerst freundlich. Die Sauce war erkennbar selbst hergestellt und wirklich etwas für Leckermäuler. Auch die Würste an sich waren sehr schmackhaft und ordnungsgemäß gebraten.

Der Preis war mit ca. 22 Euro für zweimal Currywurst mit Pommes rot-weiß, zwei kleine Möhren-Kraut-Salate und drei Colas stattlich, aber nicht unfair. Es handelt sich schließlich um ein Restaurant und keine Allerweltsbude. Zudem waren die Portionen deutlich größer als man es aus den meisten Imbissbuden kennt.

Wenn man hier noch etwas verbessern möchte, dann sollte man etwas mehr Sauce zu der Wurst geben und sie currywurstgemäß vorschneiden. Die praktische Anwendung der Tabasco-Spritze ist sicher auch noch zu verbessern.

Hansens Gastronomie (Vor dem Toom-Baumarkt, Schanzen-straße 5, 25746 Heide)

Currywurst Schleswig-Holstein hört auf seine Fans. Daher sind wir dem Rat eines unserer Berater gefolgt und haben den Imbiss vor dem Toom Baumarkt in Heide getestet. Es war an diesem Tag sehr heiß, deshalb waren wir froh, die Currywurst im Freien genießen zu können. Wir bestellten eine Portion Pommes mit Mayo sowie eine scharfe und eine „normale" Currywurst und zwei Flaschen Cola.

Nach übereinstimmender Meinung waren beide Würste superlecker! Selbst die normale Currywurst hatte eine gesunde Schärfe, die scharfe Currywurst machte schnelles Trinken nötig. Die Pommes waren knusprig und frisch, beide Currywurstsaucen waren selbstgemacht und die Wurst gegrillt. Das Personal war überaus freundlich und hilfsbereit. Hier fühlten wir uns richtig wohl. Auch der Preis von rund 12 Euro war durchaus angemessen – vor allem bei einer so hohen Qualität.

Imbiss 66 (Waldschlößchenstraße 93, 25746 Heide)

Dann ist da noch der Imbiss 66 in Heide, der ebenfalls ein Objekt unserer Currywurstforschung war. Positiv hervorzuheben sind das Ambiente, der Service und die Sauberkeit. Der Raum ist groß, hell und freundlich eingerichtet. Es gibt Tische mit Barhockern, Bänken oder Stühlen.

Die Currywurst hingegen kam für unseren Geschmack charakterlos daher. Alles war sehr fett, die Wurst wurde offensichtlich in der Fritteuse zubereitet (NO GO!) und es war kaum Sauce auf dem Teller, so dass wir nachbestellen mussten. Der Sauce an sich fehlte es an der nötigen Würze (Fertigprodukt?). 14 Euro für zwei-mal Currywurst mit Pommes, Mayo und Cola waren bei dieser Qualität definitiv zu teuer.

Der Imbiss hat insgesamt eine große Auswahl, ein Currywurst-Spezialist ist er aber gewiss nicht.

Kalles Imbiss (Mühlenberg 45, 25794 Pahlen)

Currywurst Schleswig-Holstein hat Kalles Imbiss gleich zweimal getestet – einmal wurde uns das Essen mitgebracht und einmal holten wir es selbst ab.

Kalles Imbiss ist in der Nähe des Pahlener Schwimmbads gelegen und befindet sich in einer unscheinbaren Bude. Betrieben wird er vom selbstständigen Schlachter Kalle, der seine Wurst selbst produziert. Diese wird von einer Sauce auf Ketchupbasis bedeckt. Die Wurst ist nicht groß, aber bissfest und sehr schmackhaft. An den Pommes spart Kalle nicht und überstreicht sie mit einer Menge Mayonnaise. Die Wurst wird gebraten und in einer sehr freundlichen Atmosphäre serviert. Für einen Preis von 3,50 Euro für Pommes, Currywurst und Mayonnaise werden vielleicht nicht alle Currywurstfreunde ganz satt, ein solider Imbiss ist es aber allemal. Gute Esser können neben der Currywurst noch Fleischspieße oder Hotdogs bestellen – ebenfalls selbstgemacht.

Büsumer Krabbe (Nordseestraße 98, 25761 Büsum)

Die Nordsee lässt uns auch in Sachen Currywurst nicht los. So testeten wir auch bei einem Ausflug nach Büsum am Strand unser Kultobjekt.

Wir gingen hierfür in das Bistro Büsumer Krabbe. Das Ambiente spricht sofort an. Bei schönem Wetter kann man im Strandkorb sitzen und das Essen an der frischen Luft genießen. So taten wir es. Die Currywurst kam – wie in Restaurants meist üblich – ungeschnitten daher. Aber die Sauce entschädigte uns dafür. Nicht wirklich currywursttypisch, erhielten wir eine Tomatensauce, die auch gut zu Nudeln gepasst hätte, die Currywurst aber auch wirklich in das richtige Licht setzte. Verfeinert mit einer Reihe von

Gewürzen konnte man dieses Gericht selbst bei 30 Grad im Schatten genießen.

Die Bedienung war freundlich und das Preis-Leistungs-Verhältnis stimmte. Für eine große und eine kleine Portion mit Pommes, Mayo, Getränken und Trinkgeld haben wir 19 Euro bezahlt. In einem Imbiss wäre das sicher ein zu stolzer Preis, aber man darf nicht vergessen, dass es sich um ein Restaurant in der Touristenhochburg Büsum handelt.

Hafenpick (Am Hafen 2, 25761 Büsum)

Bei schönem Wetter zieht es Currywurst Schleswig-Holstein – wie bereits deutlich geworden sein dürfte – häufig an die See. So waren wir nicht nur einmal in Büsum und nutzten bei unserem nächsten Ausflug dorthin die Gelegenheit, die Currywurst im Hafenpick zu testen. Diese war für einen Fischspezialisten, bei dem die Currywurst eigentlich nur ein Nebenprodukt ist, sehr lecker. Die Sauce gab es in den Geschmacksrichtungen normal und scharf. In beiden Fällen wurde die Wurst mit der normalen Sauce serviert. Bei der scharfen Variante gab es zusätzlich einen Kleks scharfer Sauce, den man sich nach Belieben unterrühren konnte. Die Pommes waren knusprig und frisch, wie es sich gehört. Wir wollen aber auch nicht unterschlagen, dass die Wurst frittiert war und die Sauce auf Ketchupbasis beruhte. Sie war aber sehr gut verfeinert. Der Preis von etwa 5 Euro für Pommes mit Mayo, Currywurst und eine Cola ist durchaus angemessen, wenn nicht gar sehr gut.

Calli Schaschlik (Hauptstraße 17, 25917 Leck)

Aber nicht nur Dithmarschen ist bei der Currywurst ganz weit vorn. Auch in Nordfriesland gibt es namhafte Currywurstexperten. So war Currywurst Schleswig-Holstein in Leck und testete die Currywurst bei Calli Schaschlik, für die dieser Imbiss mehrfach ausgezeichnet wurde. Einer der Gründe hierfür ist, dass die Würste aus eigener Produktion stammen.

Dass wir zu einem Kultimbiss fuhren, merkten wir bereits an den Menschenmassen, die Calli belagerten. Wir konnten uns dennoch nach einiger Wartezeit eine große Portion Pommes, zwei Flaschen Cola (0,2 l) und zwei Currywürste bestellen. Letztere kamen in kurzer, dicker Form vom Wurstbräter daher und waren sehr lecker, wenn auch ungeschnitten. Die (Sauce war allerdings nichts wirklich Besonderes, sondern eher guter Durchschnitt. Die normale Currywurst war mit Curry- und Paprikapulver bestäubt, die scharfe Variante mit Chili. Die Sauce war würzig bis scharf und hatte eine ketchupartige Konsistenz war aber selbstgemacht. Der Preis konnte sich aber wirklich sehen lassen. Wir bezahlten insgesamt knapp 11 Euro und wurden gut satt.

Kapitel 3: Der wilde, wilde Osten – die letzten Würste vor Moskau

Prinzeninsel (Plöner See)

Schleswig-Holstein ist groß, und da wir auch die östlichen Landesteile nicht vergessen wollen, schickten wir ausnahmsweise mal eine Person unseres Vertrauens los, um eine Currywurst in Plön, genauer auf der Prinzeninsel, zu testen.

Das Fazit: Die Prinzeninsel ist sicher einer der schönsten Orte bei uns im Land, die Currywurst gibt es aber woanders besser. Diese Wurst wurde – entgegen allen Regeln der Kunst – frittiert. Die

Sauce, von der es nicht einmal sonderlich viel gab, war ganz eindeutig auf Ketchup-Basis aufgebaut. Die Bedienung war zwar sehr freundlich und die Location (Prinzeninsel) natürlich unschlagbar, aber in diesem Fall sollte man dann doch lieber auf andere Speisen setzen. Der Preis von fast 6 Euro für Currywurst und Pommes kann das auch nicht kompensieren.

Wir danken einer treuen Testerin für diese Informationen und möchten einen Ansporn geben, um auf der Prinzeninsel eine bessere Currywurst zu erdenken.

Extrawürste 56 (Holtenauer Straße 56, 25105 Kiel)

Danach war Currywurst Schleswig-Holstein wieder in der Stammbesetzung unterwegs. So besuchten wir den Imbiss, der – so beschreibt er sich selbst – die „beste Currywurst von Kiel" anbietet: Extrawürste 56. Der Ansatz, dass jeder seine Extrawurst bekommen kann, ist absolut lobenswert. Auch die Tatsache, dass die Würste aus feinheimischer, regionaler Erzeugung stammen, ist absolut zu begrüßen.

Als wir das lasen, waren wir sehr positiv gestimmt. Tatsächlich bietet Extrawürste 56 Würste vom Highland-Rind, vom Schwein, vom Lamm und saisonal auch vom Wild an. Die (selbstgemachte) Sauce hatte eine ketchupartige Konsistenz und wurde in drei Schärfegraden angeboten. Somit kann man viel kombinieren. Wir probierten die Currywurst aus Schwein und Rind in allen Schärfegraden aus.

Die Würste waren für ihren Preis leider eindeutig zu klein (auf dem Foto seht ihr auf beiden Tellern jeweils zwei Würste). Für vier wirklich sehr kleine Würste, zwei Portionen Kartoffelsalat und zwei kleine Cola bezahlten wir 21 Euro. Pommes gab es auch nicht dazu, wenngleich der Kartoffelsalat, der als Beilage angeboten wurde, wirklich lecker war. Die Schärfe der Sauce war bei der höchsten Stufe für unseren Geschmack recht unangenehm, hielt lange an und versperrte den Geschmack auf vieles andere. Aber auch hier können wir selbstverständlich nur unseren persönlichen Geschmack wiedergeben. Viele Leute schwören auf diesen Imbiss und qualitativ gibt es auch nichts auszusetzen. Die milderen Varianten der Sauce waren dann auch wirklich sehr schmackhaft.

Letztlich kann man sagen, dass der Auftritt von Extrawürste 56 sehr professionell ist. Sie sollten aber aufpassen, sich selbst mit der besten Currywurst Kiels zu rühmen. Ein solches Urteil sollte man lieber den Kunden überlassen.

Bratwurst-Point (Im Hauptbahnhof Kiel)

Auf der Rücktour testeten wir dann noch den Bratwurst-Point im Kieler Hauptbahnhof. Im Angebot waren eine normale Curry-wurst, eine Jumbo-Currywurst und eine Spezial-Currywurst sowie normale Pommes und Pommes Spezial.

Wir entschieden uns für eine normale Currywurst, eine Spezial-Currywurst und Pommes Spezial. Die Würste wurden auf dem Grill zubereitet. Der Betreiber versicherte uns, dass bei ihm ausschließlich Pommes in der Fritteuse landen. Die Currywurst Spezial unterschied sich von der normalen Currywurst durch eine zusätzliche gelbe Sauce (die, wie auch die rote Sauce, hausgemacht war) und Röstzwiebeln. Auf den Pommes Spezial waren beide Currysaucen, Mayonnaise und ebenfalls Röstzwiebeln. Die Portionen waren im Verhältnis zum Preis mal gerade groß genug. Aber wahrscheinlich zahlt man hier einfach die Lage im Hauptbahnhof mit. Geschmacklich war alles superlecker und frisch zubereitet. Dazu ein netter Schnack mit dem Betreiber – hier können hungrige Reisende gut einkehren.

Ickes Imbiss (Ludwig-Jahn-Straße 3, 23611 Bad Schwartau)

Einen weiteren Höhepunkt unserer landesweiten Currywursttes-
terei erreichten wir im Januar 2015 in Bad Schwartau bei Ickes Imbiss. Es wurde bereits viel über und auch von Icke selbst erzählt.
Wir waren uns deshalb ganz sicher, einen Kultimbiss zu besu-
chen. Entsprechend aufgeregt und neugierig waren wir.

Am Bahnhof in Bad Schwartau angekommen, nahmen wir uns
erstmal ein Taxi. „Zu Ickes Imbiss", war unsere Adressangabe für
den Fahrer. Natürlich kannte dieser Icke und brachte uns auf dem
schnellsten Wege dorthin. Icke erwartete uns bereits, denn auf
dem Hinweg posteten wir ein Selfie von uns auf der Currywurst-
seite. So streng wir auch als Tester sind, ein wenig Show gehört
dazu, und Icke hat uns sicher keine Extrawurst gebraten – zumindest nicht in kulinarischer Hinsicht. Icke unterbreitete uns auch

sogleich, dass die Lübecker Nachrichten noch zu Besuch kommen würden.

Aber nun zum Wesentlichen: zur Wurst. Icke bietet Currywurst in zehn Schärfegraden an. Die Sauce ist immer dieselbe. Aber durch unterschiedliche Gewürzmischungen peitscht Icke die Schärfe, bis der Arzt kommt. Ab Stufe Acht muss man einen Ausweis vorlegen. Wir hatten unsere Ausweise leider vergessen... So bestellten wir mal ganz vorsichtig Stufe Zwei und Drei.

Die Wurst war gebraten und mit Darm. Die Schärfe bei Stufe Drei war deutlich wahrnehmbar, und wir fragten uns wirklich: Wie würde jemand Stufe Zehn aushalten? Aber es geht uns ja nicht ums Aushalten, sondern um den Genuss. Deshalb waren wir auch sehr begeistert von dem Geschmack und der Knusprigkeit der Pommes. Dann bereitete Icke uns zur Feier des Tages noch eine Berliner Currywurst ohne Darm zu. Diese schmeckte uns dann sogar noch einmal besser.

Icke variiert seine Würste auch noch in der Größe. Die erste Wurst (s. Foto) war ein XXL-Format. Dann ließ uns Icke auch noch seinen selbstgemachten Zwiebelketchup testen. Auch das war ein interessantes und leckeres Geschmackserlebnis.

Witzig sind auch die Bilder und Sprüche, die Icke in seinem Imbiss zur Schau stellt. Zudem pflegt er vollkommene Transparenz.

Er listet alle Inhaltsstoffe seiner angebotenen Produkte auf, sodass Allergiker keine Angst haben müssen, aus Versehen etwas Unverträgliches zu sich zu nehmen – es sei denn, man unterschätzt seine Schärfeverträglichkeit. Wie uns gesagt wurde, sind derlei Angaben aber seit 2015 Pflicht.

Auch die Preise sind sehr angemessen. Für 7,90 Euro wird man bei Icke gut satt. Seine Karte ist auch wahrhaft nicht überladen. Currywurst und Currybulette stehen auf dem Plan – nicht viel, aber dafür umso besser. Wenn jemand das Prädikat „Currywurstspezialist" verdient hat, ist es Icke aus Bad Schwartau. Die Kompetenz in Sachen „Currywurst" nimmt man ihm als Berliner Original auch sofort ab.

Kapitel 4: Das Currywurstherz unseres Landes – Currywürste inmitten von Schleswig-Holstein

Mit Worten wie „Herz" oder „Kopf" schmeißt man in der Literatur schon einmal schnell um sich. Wir meinen in diesem Zusammenhang aber das geografische Zentrum Schleswig-Holsteins, das sich auch in Sachen Currywurst ganz gut hervortut.

Der Imbiss (Rendsburger Straße 24, 24787 Fockbek)

Hier starten wir unsere Forschungsreise in Fockbek – und zwar bei DEM Imbiss, und zwar DEM Imbiss – also einen Imbiss, der sich „Der Imbiss" nennt. Dies steht zumindest auf dem Schild. In Wirklichkeit lautet der Name aber „Top 10 Imbiss".

Dieser Imbiss hat sich vor allem auf italienische Speisen spezialisiert, und das ist wohl auch gut so. Seine Currywurst ist jedenfalls (wenn überhaupt) höchst mittelmäßig. Hierbei handelte es sich bestenfalls um eine frittierte Bratwurst mit aufgewärmtem Ketchup. So warm war der Ketchup dann aber auch wieder nicht. Allerdings waren die Pommes und die Mayo sehr schmackhaft.

Für anspruchslose Currywurstfreunde mag diese Mahlzeit in Ordnung sein. Für uns ist sie einfach nur ein Zusatz zur ansonsten wahrscheinlich weitaus besseren Stammküche. Der Preis war mit rund 14 Euro für zwei Portionen Currywurst und Pommes mit Mayonnaise sowie zwei Cola eigentlich zu hoch.

Erichs Grill (Brachenfelder Straße 21, 24534 Neumünster)

Auf unserer Tour durch Schleswig-Holstein testeten wir dann noch den Imbiss Erichs Grill in Neumünster. Obwohl die Wurst hier in die Fritteuse wandert (No-Go!), hatten wir ein sehr schönes Geschmackserlebnis. Man kann zwischen einer normalen Currywurst mit einer hausgemachten gelben Sauce und einer Currywurst Hot Spezial mit roter Sauce, Chilipulver und frischen Zwiebeln wählen. Beides gibt es sowohl als normale, als auch als Riesenportion (die ihren Namen dann auch wirklich verdient hat). Echte Schärfefans kommen zwar auch bei der Currywurst Spezial nicht wirklich auf ihre Kosten, trotzdem fanden wir alles sehr schmackhaft.

Auch bei den Pommes kann man zwischen verschiedenen Größen und Varianten entscheiden. Neben den gewöhnlichen Fritten mit

oder ohne Mayo und/oder Ketchup gibt es hier ebenfalls ein Spe-
zialangebot: Pommes mit Mayo, Ketchup, gelber Currysauce und
frischen Zwiebeln.

Das Preis-Leistungs-Verhältnis geht bei Erichs Grill vollkommen
in Ordnung. Eine normale Currywurst kostet 2,70 Euro und eine
große Portion Pommes mit Mayo 2,80 Euro. Dazu ist das Ambiente sehr nett, kinderfreundlich und sauber.

Wurstgalerie (Kaiserstraße 26, 24534 Neumünster)

Von Erich ging es dann nur ein paar Straßen weiter: Currywurst Schleswig-Holstein testete die ebenfalls in Neumünster gelegene Wurstgalerie. Hier erwartete uns ein sehr sauberes und äußerst kreatives Ambiente. An den Wänden hingen Bilder mit Currywürsten in unterschiedlichen Situationen. Die Einrichtung war modern und stylisch.

Nun aber das Wichtigste: das Essen! Angeboten werden zwei verschiedene, hausgemachte Saucen auf Ketchup- und Mayobasis (rot und gelb). Zudem kann man zwischen sechs unterschiedlichen Schärfegraden wählen. Die Pommes waren knusprig und die Portionen insgesamt reichhaltig. Alles war frisch und lecker.

Ein kleiner Tipp für Schärfe-Fans: Ruhig ab Grad 4 aufwärts nehmen. Wir hatten Grad 3 und mussten kaum etwas trinken. Die rote Sauce allerdings hat für sich schon eine recht angenehme Schärfe. Der nette Plausch mit dem Inhaber Daniel, einem ehemaligen BWL-Studenten, rundete dieses Currywurst-Erlebnis wunderbar ab. Auch das Preis-Leistungs-Verhältnis war mehr als fair: Für eine einfache Currywurst zahlt man 3 Euro, die Pommes (normale Portion) dazu kosten 2,10 Euro. Für Mayonnaise werden noch einmal 40 Cent berechnet.

Grill am Zolln (Mannhardt 78, 25558 Hanerau-Hademarschen)

Dann war da noch die Currywurst in Hanerau im Grill am Zolln – unsere erste Currywurst, die wir im Kreis Rendsburg-Eckernförde testeten.

Der Imbiss ist eine typische Currywurst-Location, wie man sie aus Film, Fernsehen und Rundfunk kennt. Knapp 12 Euro zahlten wir für zweimal Currywurst mit Pommes und Mayo sowie zwei Cola. Die Currywurst mit ihrer Sauce war grundsolide, kam allerdings aus der Fritteuse. Die Pommes waren äußerst knusprig und schmackhaft. Die Currywurst-Sauce wies keine Besonderheit auf, erfüllte aber ihren Zweck.

Der Imbiss liegt idyllisch gegenüber eines schönen Sees. Als wir die Wurst an der frischen Luft genossen, beobachteten wir Gänse in freier Wildbahn (auch lecker). Der Service war sehr gut, der Imbissbetreiber freundlich und zuvorkommend. Dieser Imbiss bereichert die Currywurstlandschaft Schleswig-Holsteins auf sehr angenehme Art und Weise.

Kapitel 5: Currywurst im Speckgürtel – die Würste des Südens

Bahnhof Döner (Mühlenstraße 3, 25335 Elmshorn)

Mit dem festen Vorsatz, auch im Speckgürtel von Hamburg eine Currywurst zu testen, fuhren wir schließlich nach Elmshorn. Leider stellten wir fest, dass es den Imbiss, den wir testen wollten (im Internet aufgestöbert) gar nicht mehr gibt. Da war guter Rat teuer. So fragten wir uns in unterschiedlichen Lokalitäten durch, ob es nicht auch dort eine Currywurst gäbe. Schließlich wurden wir in einem Dönerimbiss am Bahnhof fündig.

Der sehr nette Dönermann kredenzte uns auch sogleich eine Currywurst mit Pommes und Mayo. Wir merkten aber ziemlich schnell, dass diese Speise in dem Laden nur Beiwerk ist. Die Wurst wurde frittiert und lediglich mit Ketchup verfeinert. Als wir die Wurst aßen, empfanden wir sie aber gar nicht als so schlimm. Sie war bissfest in der Konsistenz und der Ketchup war auch ziemlich warm. Für 4,50 Euro kann man da nicht mehr verlangen.

Wir wären aber dennoch dankbar für weitere Empfehlungen, wo man in Elmshorn eine gute Currywurst bekommen kann. Diese Stadt scheint hinsichtlich dieser lukullischen Finesse ein ziemliches Niemandsland zu sein.

Imbiss vor Obi in Bad Segeberg (Segeberger Straße 101, 23795 Bad Segeberg)

Aber nicht nur in Elmshorn war Currywurst Schleswig-Holstein unterwegs. Es ging noch weiter durch den Süden – nach Bad Segeberg. Nachdem uns die Stadt bislang eher durch die Karl May-Festspiele, Möbel Kraft und Fledermäuse bekannt war, wollten wir doch mal schauen, ob man dort vielleicht nicht auch eine gute Currywurst essen kann. Da uns der Imbiss vor dem Obi-Baumarkt mehrfach wärmstens empfohlen wurde, entschieden wir uns dafür, einmal selbst zu schauen, was an den Lobeshymnen so dran ist.

Dort angekommen, fanden wir neben einem sehr netten Verkäufer eine kleine, aber feine Karte vor. Man hat die Wahl zwischen mehreren unterschiedlichen Würsten, die man alle auf Wunsch als Currywurst bekommen kann. Sehr positiv fiel uns auf, dass die Würste allesamt aus der näheren Umgebung kommen – so unter anderem eine Rinderwurst aus dem Alten Land. Wir entschieden uns für die bei dem Imbiss offenbar klassische braune Currywurst mit Pommes und Mayo.

Die Wurst wurde, wie es sich gehört, auf einem Wurstbräter zubereitet, anschließend von Hand geschnitten und mit Sauce und Currypulver angerichtet. Die Sauce hatte eine ketchupartige Konsistenz, war aber eindeutig selbstgemacht und wirklich ausgesprochen lecker. Die angenehm leichte Schärfe kam erst nach zwei bis drei Bissen durch und war nach dem Essen auch relativ schnell wieder verflogen, brannte also nicht nach. Als besonderen „Clou" enthielt die Sauce Senfkörner, die auch noch einmal eine ganz besondere Würze brachten. Dadurch, dass die Wurst sehr fein geschnitten war, konnte man das Geschmackserlebnis lange und ausgiebig genießen.

Auch die Wurst selbst schmeckte uns gut, obwohl wir uns das nächste Mal wohl eher für die Bratwurst entscheiden würden, die es dort unter dem Namen „Großer Segeberger Lümmel" im Angebot gibt. Die Pommes waren ebenfalls frisch und knusprig. Und bei einem Preis von 5 Euro für eine wirklich große Portion kann man sich definitiv nicht beklagen. Bad Segeberg ist also auch in currywürstlicher Hinsicht auf jeden Fall eine Reise wert.

Kapitel 6: Currywurst Schleswig-Holstein is(s)t auswärts

Currywürstliche Fortbildung – Besuch im Currywurstmuseum Berlin

Schleswig-Holstein ist zwar das schönste Bundesland nördlich von Hamburg, aber manchmal muss eine Wurst auch über den Tellerrand hinausschauen. Das haben wir an einigen Stellen getan. So besuchten wir im Oktober 2014 das Currywurstmuseum in der Bundeshauptstadt.

Wir waren zu diesem Zeitpunkt mit der Currywurstforschung so weit vorangeschritten, dass wir es uns leisten konnten, unseren

Horizont einmal etwas zu erweitern. Im Museum angekommen, fühlten wir uns wie im C-Wurst-Paradies. Zum Einstieg wurden uns drei Saucen, gepaart mit drei kleinen Currywürsten, überreicht. Die drei Saucen unterschieden sich im Schärfegrad, in der Würzigkeit und in der Konsistenz, eine Sauce enthielt auch Paprikastückchen. Bei den Würsten handelte es sich um eine Berliner Currywurst mit Darm, eine Berliner Currywurst ohne Darm und eine Kräuterbratwurst. Zusätzlich probierten wir noch eine Geflügelwurst mit milder Sauce.

Im Weiteren ging es quer durch die Geschichte unseres Leibgerichts. Wusstet Ihr schon, dass bereits Homer in der Odyssee von einer Wurst schrieb? In Deutschland machte Otto von Bismarck dieses Gericht letztlich durch seine Übernahme in den alltäglichen Sprachgebrauch – „das ist mir Wurst" – populär. Wir hörten Lieder, sahen Interviews mit Herta Heuwer und versuchten, digital eine Currywurst herzustellen. Nach 2,5 Stunden waren wir aber auch wirklich platt und hätten gerne wieder eine Currywurst zur Stärkung gehabt.

Eine Wurst blickt über den Tellerrand: Stippvisite in Bremen und Hamburg

Auch wenn wir Schleswig-Holsteiner sind, mögen wir unsere nordischen Nachbarn und knüpfen hier auch gerne Kontakte. So verschlug es uns Anfang Oktober 2014 in die schöne Hansestadt Bremen.

Auch dort kamen wir selbstverständlich unserer Profession nach und testeten den Scharfrichter – eine Currywurst-Location, die zehn verschiedene Schärfegrade anzubieten hat. Wir testeten den Schärfegrad „4" und „1". Was sollen wir sagen? Vor den Augen der Kunden wurde die Wurst mit zähflüssigem Ketchup beschüttet. Daraufhin träufelte eine höchst unmotivierte und patzige Dame verschiedenste Pulver auf das arme Würstchen. Der Schärfeunterschied zwischen dem Grad „1" und dem Grad „4" war minimal. Der Ketchup war kalt und die Pommes vollkommen versalzen. Allerdings – das sei hier zur Ehrenrettung gesagt – wurde die Wurst gebraten. Für zwei Cola (0,2 l), zweimal Pommes mit Mayo und zwei Currywürste, die die Bezeichnung nicht verdienten, noch über 12 Euro zu verlangen, ist aber wirklich schon frech.

Zusammenfassend kann man sagen: Anspruchslose Kunden, denen es nur um die Schärfe geht, mögen hier vielleicht auf ihre Kosten kommen. Wer allerdings Wert auf Qualität, Geschmack und

Kreativität legt, sollte eine andere Location aufsuchen. Wir wissen schon, warum wir in Schleswig-Holstein forschen. Heimat, oh wie bist Du schön!

Ein weiterer Auswärtstermin führte uns nach Hamburg. Während der HSV an diesem Nachmittag das Heimspiel gegen Bayern leider verlor, machten wir interessante Erfahrungen.

Wir testeten den Imbiss „Curry Papa" in der Mönckebergstraße. Interessant war, dass Würste dort nicht nur vom Schwein, sondern auch vom Kalb und vom erwachsenen Rind angeboten wurden. Lecker! Wir testeten eine doppelte Rindercurrywurst. Dazu gab es eine hausgemachte Sauce. Wir entschieden uns für die milde Variante, die auch schon gut würzig war. Als Beilage hatten wir „Pommes frites Spezial" mit Mayo, Ketchup und frischen Zwiebeln. Die Sauce war urig-würzig, die Pommes knusprig-pikant und die Atmosphäre rustikal. Man saß an einem länglichen Tisch auf Barhockern und es wuselten jede Menge Menschen um einen herum.

Wenn man die Menükarte richtig studiert (was wir leider versäumt haben), stellt man fest, dass das Preis-Leistungs-Verhältnis auch wirklich angemessen ist. Mit mehreren Menüs lässt sich durchaus der eine oder andere Euro einsparen.

Wir können natürlich nicht dafür garantieren, dass dieses Buch immer aktuell bleibt. Wir haben auch schon einige Currywurstlocations kommen und gehen sehen. Currywurst ist halt, wie eingangs erwähnt, wie das Leben.

Teil 3: Eigene Rezepturen

Nach ausgiebigen Testungen der heimisch ansässigen Currywurst konnte Currywurst Schleswig-Holstein natürlich nicht
ohne Ende klugscheißern, ohne selbst eine Currywurst zu kreieren. Dieses taten wir zunächst in Flensburg

Currywurst à la Flensburg

Zutaten

- Bratwürste (Menge je nach Personenzahl, Hunger und La-
gerraum)

- 1 rote Zwiebel

- brauner Rohrzucker

- 2 Packungen passierte Tomaten

- Tomatenmark

- Apfelmus

- Senf

- etwas Salz

- Cayennepfeffer

- Currypulver

- frischer Ingwer (nicht zu viel)

- Koriander

- Kurkuma

- 1 Knoblauchzehe

- Kreuzkümmel

Zubereitung

Öl oder Butter in einem Topf erhitzen. Die Zwiebel fein würfeln und kurz anbraten, dann Rohrzucker hinzugeben. Wenn der Zucker komplett karamellisiert ist, mit passierten Tomaten ablöschen und bis zur gewünschten Konsistenz Tomatenmark einrühren. Fein gehackten, frischen Ingwer, die frisch gepresste Knoblauchzehe und zwei bis drei Esslöffel Apfelmus dazugeben. Mit den aufgeführten Gewürzen verfeinern und eine Stunde bei geringer Hitze köcheln lassen. Zwischendurch immer wieder umrühren und bei Bedarf abschmecken. Die Würste in einer Pfanne braten und die Sauce darüber geben. Bei guter Würzung ist kein zusätzliches Currypulver auf der Wurst erforderlich.

Currywurst à la Tim Mälzer (Dithmarsia)

Diese Currywurst-Variante ist sehr raffiniert. Wir kredenzten sie während der Fußball-Weltmeisterschaft 2014 in Dithmarschen. Die Würste wurden uns von einer Schlachterei aus Meldorf geliefert, die das Curry bereits in die Wurst integriert hatte (wir berichteten bei Facebook darüber)

<u>Zutaten</u>

- 4 Bratwürste

- 6 El Olivenöl

- 1 rote Zwiebel

- 1 rote Pfefferschote

- 20 g frischer Ingwer

- 2–3 Tl scharfes Currypulver

- 150 ml Cola

- 3 Dosen stückige Tomaten (à 400 g)

- Salz

- Zucker

Zubereitung

Würste auf beiden Seiten mehrmals einschneiden und in einer Pfanne mit drei Esslöffeln Olivenöl bei mittlerer Hitze auf beiden Seiten goldgelb braten. Inzwischen die Zwiebel und Pfefferschote fein würfeln. In drei Esslöffeln Olivenöl andünsten. Ingwer schälen, fein reiben und zusammen mit dem Currypulver mitdünsten. Mit Cola ablöschen und aufkochen. Tomaten zugeben, alles erhitzen und mit Salz und einer Prise Zucker abschmecken. Die Würste in Scheiben schneiden, mit der Soße anrichten und mit Currypulver bestreut servieren. Dazu passen Pommes frites.

Teil 4: Literaturübersicht

Die Currywurst war bereits Gegenstand einer ganzen Reihe von literarischen Ergüssen. Wir möchten hier einmal die aus unserer Sicht wichtigsten Werke aufführen

- Eichborn, Vito von; Reisner, Marc: Alles über die Currywurst: Von Liedern, Literarischem und Lycopin bis zu Curry-Kanzler, Ketchup und Klassenschranken - Wissenswertes über ein Kultprodukt. Books on Demand, 2010. 172 Seiten. (Inhalt selbsterklärend)

- Radl, Barbara: Currywurst-Führer. Eichborn Verlag, 2010. 144 Seiten (Übersicht über Currywurst-Locations in ganz Deutschland. Schleswig-Holstein wird nur am Rande erwähnt.)

- Schergel, Frank; Padberg, Stefan: Currywurst-Kompass Köln. Die Stadt und ihre Buden. Klartext-Verlagsges., 2013. 264 Seiten. (Currywurstführer für die schöne Stadt am Rhein mit ausgiebigen Beschreibungen auch jenseits der Locations)

- Reisner, Marc: Currywurst: Alles, was man wissen muss. Books und Demand, 2009. 152 Seiten. (Lehrreiches, Lustiges und Interessantes rund um die Wurst der Würste. Grundlagenwerk)

- Siegert, Werner; Möllers Michael: Der kleine, aber absolut unentbehrliche Currywurst-Knigge. Verlag Utz, Herbert, 2005. 17 Seiten (Schrägschnitt oder Vertikalschnitt? Currysauce oder Ketchup mit Currypulver? Wie und wo verzehrt man eine Currywurst? Diese und andere Fragen werden hier beantwortet.)

- Timm, Uwe: Die Entdeckung der Currywurst. Deutscher Taschenbuch Verlag, 2004. 240 Seiten (Novelle)

- Westermann, Pia: Fastfood at Home: Currywurst, Burger und Co. mit Liebe selbst gemacht (GU Themenkochbuch). Gräfe und Unzer Verlag GmbH, 2014. 160 Seiten (Viele Rezeptideen für den privaten Imbiss zu Hause)

Wenn man sich diesen literarischen Überblick über die Currywurst anschaut, wird man schnell auf die Idee kommen, was da fehlt. Richtig: Ein Currywurstführer Schleswig-Holstein ist bisher nicht dabei. Bis jetzt... Sie haben den Ersten seiner Art gerade in den Händen.

Zeitfracht Medien GmbH
Ferdinand-Jühlke-Straße 7
99095 Erfurt, Deutschland
produktsicherheit@kolibri360.de